特定非営利活動法人　共同保存図書館・多摩
二〇一四年度通常総会記念講演（２０１４・５・18）より

図書館連携の基盤整備に向けて

—図書館を支える制度の不備と「図書館連合」の提案—

松岡　要

目次

はじめに

週末、都内にある三か所の古書会館のどこかで古書展が開かれています。古書店とは違って雑然とした雰囲気があり、思いがけない本を手にすることができます。しかしその中に、図書館の除籍本を見かけると、やはり悲しい。利用し尽くされてくたびれた本や損傷している本ではなく、古書店主が「まだまだ利用価値がある、売れる」と判断して得た本です。二〇〇一年に省庁再編があった時、二〇〇三年に埼玉県立図書館が四館から三館に減った時には、それぞれ廃止となった図書館が所蔵していたと覚しき大量の本が並んでいるのを見かけました。重複により除籍されたものでしょうが、処理されず再活用の機会が提供されたことをまずは了とすべきかと複雑な思いをしたものです。

しかしある日、都立図書館蔵書の痕跡を残した図書が大量に積まれている光景に遭遇した時は絶句。悲しみ、怒りを覚えました。しかもすべて一律に二〇〇円の売価。あまりに無造作で古書店主のセンスを疑いましたが、東京都へのあてつけかとも思いました。

市区町村の意向を無視した所蔵資料の唐突な大量廃棄などの「施策」について、図書館の現場や図書館団体などから強い批判が寄せられました。その後の**都立図書館の資料の「貸し渋**

り」などという状況に直面した時、なぜこのようなことが許されるのか、と考え込んでしまいました。図書館は「土地の事情」や住民の意向により運営されるものですが、図書館の存在そのものを否定するような「施策」が次々に実施されている昨今の状況に異議を唱える裏付け、根拠となる制度的仕組みはないのかと思ったのです。

これは、図書館の要諦ともいうべき連携協力についての問題です。

先日、新聞に「最近の公立図書館は驚くほどの連携をしている」との投稿が載っていました。「四〇年以上前に読んだ本をもう一度読みたいが入手できない」との投稿に上尾市の市民が、「地元の図書館にリクエストすると他の館にないか調べて取り寄せてくれる」とアドバイスしているのです（東京新聞　二〇一四年九月一九日付）。一般市民が図書館の本質的な機能を紹介していることに感慨を覚えました。自治体を越えた図書館資料の**相互貸借**は全国で年間二〇〇万件を超え、一〇年前の四割増です。それが反映されたと思われる投稿で、図書館サービスの広がりと深まりを感じます。

自館の所蔵資料だけで、求められた資料を確実に提供することはできません。図書館は、その事業を企画した瞬間から他の図書館を必要とするのです。求められた資料を草の根をわけてでも探し出し、提供する仕組みを作り上げてきました。とりわけ都道府県立図書館（以下、本稿では「県」「県立図書館」とする）は、市町村の図書館を支援する役割を果たすための事業を切り開いてきました。資料の相互貸借のための流通手段（県内の図書館を結ぶ「協力車」の運行など）の確保、資料の所蔵館検索のための県内総合目録の構築（ＩＣＴを活用した**横断検索**）、資料の相互貸借のためのルールづくりなどです。これらは政府の施策ではなく、県立図書館がそれぞれ編み出してきた創意ある施策ともいうべきことで、その意義がますます輝いて見えます。

しかし改めて調べてみると、図書館の理念、図書館法が期待していることを実現させる行政的な仕組み・制度は、極めて脆弱だと実感しました。また優れた内容をもつ法や制度であっても、骨抜き、不履行などの「運用」がまかり通っていると思いました。図書館事業を支える仕組み・制度について整理し、その問題点を確認することは意味があるはずです。当局サイドから何かにつけ「そのようなことはできない」とはねつけられるなど、図書館を疲弊させている状況を変えなくてはと思いました。そのため不十分さを承知の上で、問題点の整理と解決のための提案をしたいと思います。

都立図書館の資料の「貸し渋り」

『都立図書館改革の具体的方策』により、二〇〇九年四月以降、市区町村図書館への資料の貸出（協力貸出）について、「刊行後三〇年を経過した図書・雑誌は借受館での館内閲覧（貸出禁止）」「刊行後一年間以内の雑誌は協力貸出対象外」「貸出期間を従来の三五日から二八日に短縮」などの制限が加わった。

相互貸借

図書館相互の間で資料の貸借を行うこと。図書館が利用者の求める資料を所蔵していない場合に他の自治体等の図書館から借り受けて利用者に提供する。

ＩＣＴ

Information and Communication Technologyの略。

横断検索

自宅のパソコンなどから、多数の図書館の蔵書を一括して検索することができるシステム。それぞれの図書館のホームページへ逐一アクセスすることなく、探している資料のタイトルや著者名などを一度入力するだけで指定した範囲の各館の所蔵を順次検索できる。現在、すべての都道府県立図書館のホームページには用意されている。

1　図書館法を基盤に考える

図書館を支える仕組み・制度について考える基本・基盤に図書館法を置きたいと思います。図書館法は、知る自由、教育を受ける権利などの憲法上の要請に応えた図書館の働きを明確にし（第三条図書館奉仕）、無料原則を確立し（第一七条入館料等）、地方自治（第一〇条〔図書館の〕設置）・住民自治（第三条図書館奉仕「土地の事情及び一般公衆の希望に沿い」）・（第一四条図書館協議会）を謳っています。実際の管理運営については、司書（補）（第四条司書及び司書補の資格、第一三条職員）によることを課しています。さらに政府に対しては、司書及び司書補の研修（第七条）、〔図書館の〕設置及び運営上望ましい基準の告示（第七条の二）、政府刊行物等の提供（第九条公の出版物の収集）、補助金の交付（第二〇条図書館の補助）、私立図書館援助（第二七条）など、為すべきことも明らかにしています。

図書館法が示すこれらの内容は我々が実現させるべき共通の課題です。制定以降二〇回以上も「改正」され、その基本のゆらぎが懸念されますが、「時代に沿ったものに」などといって改正を求めるのではなく、その完全な履行を求め続けるべき法律だと思います。

本稿に関係する「図書館の連携協力」についても挙げています。第三条第四号「他の図書館、…と緊密に連絡し、協力し、図書館資料の相互貸借を行うこと」、第八条協力の依頼「都道府県の教育委員会は、当該都道府県内の図書館奉仕を促進するために、市（特別区を含む）町村の教育委員会に対し、総合目録の作製、貸出文庫の巡回、図書館資料の相互貸借等に関して協力を求めることができる」とあります。この条項について「図書館の設置及び運営上の望ましい基準」（二〇一二年一二月一九日文部科学省告示　以下「望ましい基準」）では、まず「第一総則」において「県立図書館は、市町村立図書館に対する円滑な図書館運営の確保のための援助に努めるとともに、当該県内の図書館間の連絡調整等の推進に努めるものとする」（「運営の基本」）と述べ、「都道府県立図書館」の項において、次の点を挙げています。

・県立図書館の域内図書館への支援事項：資料の紹介・提供、情報サービス、図書館資料の保存、郷土資料等の電子化、図書館職員の研修、その他図書館運営に関すること（「域内の図書館への支援」）

・情報通信技術を活用した情報の円滑な流通、図書館資料の貸出のための円滑な搬送の確保（同前）

・県内図書館で構成する団体等を活用した図書館間の連絡調整の推進（同前）

・市町村立図書館の求めに応じた資料保存等の施設・設備（「施設・設備」）

・市町村立図書館等の要求に十分応えるための資料整備（「図書館資料」）
・県教育委員会は、県内図書館職員を対象に必要な研修を行う（「職員」）

2 図書館政策としての国庫補助の実態

図書館法が政府に課していることの中で、とりわけ重要な条項は、第二〇条図書館の補助です。一九五〇年の制定時は「公立図書館に対する補助その他の援助」との見出しで、「国は、図書館を設置する地方公共団体に対し、予算の定めるところに従い、その設置及び運営に要する経費について補助金を交付し、その他必要な援助を行う」との内容でした。その後、一九五九年改正により、「国は、図書館を設置する地方公共団体に対し、予算の範囲内において、図書館の施設、設備に要する経費その他必要な経費の一部を補助することができる」となり、義務であった補助金交付は任意になってしまいました。

この補助金は、法制定の翌年度一九五一年度から実施した政府の唯一の図書館政策というべきものですが、初年度は一五八〇万円（うち建設費補助は五四〇万円）と、一千万円前後に留まり、一九五〇年度まで徴収が認められていた「入館料」を遥かに下回る実状でした。文部省『社会教育の現状　昭和二八年度』には「図書館法施行によって図書館利用の対価を徴収しない所謂無料公開となったが、入館料等対価を徴収した場合収入が約八千万円と推定される現在、その〔補助金〕増額が強く望まれる」と記したほどで、「無料原則」を貫徹できる財政補償はされなかったのです。それどころか、一九五四年には「零細補助金」を理由に全額カットの対象とされる事態となりました。復活を求める運動が起きますが、前年度の四分の三に減らす結果となりました。六〇年代後半以降は五千万円を超えますが、相変わらず「零細補助金」です。

それを変えるきっかけとなったのは、東京都の画期的な図書館政策です。

東京都が公表した図書館振興政策「図書館政策の課題と対策」は、一九七一年度から実施に移されました。わずか六年で中断されてしまったものの、財源措置を含む実のある施策であり、全国の自治体に大きな影響をもたらしました。一九九〇年までに、過半数を超える二六道府県が何らかの「市町村に対する図書館振興策」を実施しました（文部省学習情報課「市町村立図書館に関する助成措置についての実態調査結果の概要」一九九〇年五月二四日）。

この政策は政府にも具体的な影響をもたらしました。東京都が一九七一年（初年度）に予算計上した多摩地域の図書館建設補助金は一億九四一万円。一方、その年度の政府の図書館建設

年度	合計金額 割合(%)	国　庫	都道府県	市町村	備　　考
1982	1,108	48	194	866	国庫補助金の最高年度
	100	4.3	17.5	78.2	
1998	3,106	8	417	2,681	補助金中断の翌年度
	100	0.2	13.4	86.3	
2012	2,637	39	257	2,342	直近の決算額
	100	1.4	9.7	88.8	

表１　図書館費の負担割合　国：都道府県：市町村（単位：億円）

補助金は九千万円（決算額は一億六五七万円）に過ぎませんでした。政府は翌年度あわてて一挙に五億円まで引き上げ、その後増額を続けました。自治体の政策が政府を動かした一つの事例ともいえます（政府の図書館補助金の推移は、図書館問題研究会編著『まちの図書館―北海道のある自治体の実践』日本図書館協会一九八一年所収の「国の図書館政策」参照）。

ところがこの図書館法に基づく補助金は一九九七年度を最後に現在まで中断したままです。「図書館は整備された、地方分権だからその整備に政府は直接関与しない。今後は一般財源措置をする」としました。当時の図書館設置率は四六％、平成の大合併が終わった今日でも未だ二五％の市町村には図書館がありません。国際的に見れば、人口当たりの図書館数は極端に少なく、整備されたといえないことは明らかです。営利とは無縁の教育文化に関わる行政については、政府が支援対象とすることが国際的な常識です。政府自らも、ＧＮＰ比較による教育費の公費負担が極端に少ない実状を明らかにしています。二〇〇八年の図書館法改正についての国会審議では、自民党議員が国民一人あたりの年間予算額は、日本八八六円、アメリカ三五五一円、イギリス二七七一円であると紹介。図書館経費の公費負担が極端に少ないことを質問していました。一般財源とするのではなく、特別な措置が必要であることは明らかです。

政府は特別財源である補助金を止め、一般財源化するとしたのですが、図書館事業に政府はどれくらい支出したかを文部科学省「地方教育費調査報告書」で確認してみました。

図書館事業の公費支出が最も多かったのは一九九九年度で三二〇〇億円。その後現在も減少し続けています。国庫支出金は一九八二年度をピークに減少し続け、一九九八年度が最低で七億六四四九万円、公費支出総額の〇・二％に過ぎません。その後徐々に増額に向かうのですが、二〇一二年度までの間一九八二年度を上回ったのは二回しかありません。そのうちの一回は二〇一一年度の七六億円で突出した数字になるのですが、これは光交付金（**「住民生活に光をそそぐ交付金」**の通称）であると推察され、瞬間最大風速に過ぎませんでした。

結局、一般財源化は国庫支出金削減につながったのです。

住民生活に光をそそぐ交付金

二〇一〇年度補正予算に計上された「地域活性化交付金」三五〇〇億円の内、一千億円は「住民生活に光をそそぐ交付金」と名付けられ、内閣府は、例として「図書館における地域の知の拠点づくりに対する支援」を挙げた。通称「光交付金」。

3　政府の図書館整備義務の放棄

図書館事業に対する条件整備、環境整備を政府が行わないのは、一九九六年頃から本格化した「構造改革」政策によるものです。図書館事業の実態を踏まえての判断ではなく、「この国のかたち」を根本的に変えようとする政治の一環として採られた政策です。それまでも「増税なき財政再建」とのフレーズによる「臨調行革」がありました。図書館事業にとっては「公共施設建設抑制」や「公の施設の管理委託」、図書館建設補助金の削減など、多くの困難をもたらした政策に直面しました。その「臨調行革」の上に立って、すべての分野の「構造改革」を図る政治を一九九六年発足の橋本内閣が本格的に始め、その後の内閣も自由競争、市場原理を露骨に導入した政策を忠実に履行しました。小渕内閣の「地方分権推進」、小泉内閣の「経済財政諮問会議」「骨太の方針」などがそれです。これらの政策が図書館事業にストレートに影響を及ぼす事態となりました。地方分権推進委員会勧告による「必置規制」の廃止（司書有資格館長規定の削除一九九七年）、生涯学習審議会答申（社会教育施設の民間委託化一九九八年）、「司書の職務内容」通牒の廃止（一九九八年）、地方分権推進一括法の成立（図書館法「最低基準」の廃止一九九九年）、ＰＦＩ法の成立（一九九九年）、地方自治法の改正（指定管理者制度の導入二〇〇三年）、地方行革推進指針（集中改革プランの策定　総務省二〇〇五年）、競争の導入による公共サービス改革法（市場化テストの導入二〇〇六年）、公共サービス改革基本方針（民間の活力活用　内閣府二〇〇六年）などの政策は、図書館事業に直接結びつきました。この政策の基調は現在も続いており、最近では「地方教育行政の組織及び運営に関する法律」の改正（教育行政への「長」の関与拡大強化二〇一四年）、地方公務員法の改正（職階制の廃止二〇一四年）もありました。

ここで改めて確認したいのは、政府は図書館事業の環境整備の任務を放棄しているということです。教育行政における政府の役割は「教育の目的を遂行するに必要な諸条件の整備確立を目標として行われなければならない」（旧教育基本法第一〇条第二項）との条項に示されたところにあります。ところが二〇〇六年改正の教育基本法ではこの条文を削除し、「国及び地方公共団体は、教育が円滑かつ継続的に実施されるよう、必要な財政上の措置を講じなければならない」（教育基本法第一六条第四項）と、矮小化しました。新法は「教育の目標」（第二条）を新設し、「道徳」の学習指導要領で示した「徳目」を列記しましたが、このような内容をもつ「教育」への「財政上の措置」をすることを明らかにしているのです。「普遍的にしてしかも個性ゆたかな文化の創造をめざす教育」（旧法前文）とは程遠い、異なった「教育」内容です。多様な考え方を尊重する図書館事業の遂行にとって、この点からも「必要な財政措置」は期待できないと思わざるを得ません。

図書館法二〇条による補助は、政府の恣意による政策補助ではなく法律補助ですから、補助金不交付が一八年も続いているのは、「政府の具体的な図書館政策はない」というに等しいことです。このことは「構造改革」政治と相俟《あいま》って、自治体における図書館事業の位置づけをないがしろにする「環境」の助長を招いています。

二〇一二年に告示された「望ましい基準」（第七条の二）も、その一端を担っています。「望ましい基準」は図書館法が当初から課していながら、最初に告示されたのは半世紀を経た二〇〇一年。補助金中断により、図書館政策を持たない「無策」批判をかわすためかのように出されたその内容は、数値目標を示さず、図書館運営や実施すべきサービス内容などを述べたものです。条件整備を旨とする政治が、その整備のための数値目標を示さないのは、具体的な施策は実施しないと表明しているようなものです。

「望ましい基準」に数値目標を掲げないことは既に決まっているにもかかわらず日本図書館協会はそれを求めている、と述べる人がいます。政府は「地方分権」だから地方を規制することはできない、などとして数値目標を掲げない理由としていますが、このようなことに合理性があるのでしょうか。そもそも数値を示さない行政が許されるのでしょうか。「教育、福祉などの行政施策は数値を欠くことはない」「学校図書館整備計画は数値目標を挙げている」「イギリス政府などは図書館事業に関する詳細な目標を挙げている」などの疑問が出てきます。「望ましい基準」を受け取った自治体も、自らの図書館状況について比較検討する術を持たず、整備目標を持たなくても良いと捉えることを許すものです。異常ともいえる資料費と司書の激減「環境」を招いている要因でもあります。このような事態に対しても政府は何もしないことを表明しているのですから、地方公共団体当局は安心して「削減」を続けることになります。

その一方、「望ましい基準」は図書館運営や実施すべきサービス内容を詳細に述べています。しかし、これらは現場や図書館関係団体に委ねるべきことであり、サービス内容を定式化するなどは政府の自治体運営への容喙《ようかい》（余計な口出し）ともいえます。現場の創意が生きるような環境整備、現場を励ますような施策こそ必要なのではないでしょうか。

4　公の施設、教育機関、職務・職階制

以上、図書館法の基本ともいうべき事項が変質させられつつある現況の一端を述べました。これに加えて、図書館法を支える制度的な仕組みの変質についても述べます。地方自治法の「公の施設」、地方教育行政の組織及び運営に関する法律の「教育機関」、そして地方公務員法の「職階制」についての最近の動きを例とします。

（1）公の施設

図書館は地方自治法上の「公の施設」です。住民の権利を認めた制度で、一九六三年の地方自治法の改正により新設されました。それまで、公共施設は単に公有財産としての「営造物」とされていました。管理者の下で施設を利用する住民は「特別権力関係」でした。そこからの

脱却、解放です。憲法第二一条でいう集会等表現の自由の保障に直接関わる画期的な改正です。ところが同時に、第二四四条の二第三項「公の施設の設置の目的を効果的に達成するため必要があると認めるときは、条例の定めるところにより、その管理を公共団体、又は公共的団体に委託することができる」との管理委託条項も加えました。その後、一九九一年には委託先に地方公共団体が出資している法人を加え、さらに二〇〇三年には「法人その他の団体であって地方公共団体が指定するもの」に変えました。指定管理者制度です。

指定管理者制度は管理委託とは質的に異なります。「管理権限の委任」であり、使用許可などの「行政処分」も含めて行わせるものです。国会審議で「丸投げ」と表現されたとおり、行政責任を放棄するものです。

そのようなものであっても自ずと一定の制約はあり、国会審議において総務省は、社会教育法は一般法である地方自治法に優先すると答弁し（二〇〇三年五月）、同法公布の通知においても「個別の法律において公の施設の管理主体が限定される場合には、指定管理者制度を採ることができないものであること」と記していました。ところが法施行後、各省庁は指定管理者制度導入を促す通知文書を競うようにして出しました。河川、港湾、道路など管理者が法定されている施設（設置者管理主義）であっても、業務委託の範疇に入るものまで指定管理者制度の利用を求めていました。

文部科学省はこの通知文書を出さなかった唯一の省庁だと思われます。ところが、当時の河村建夫大臣が経済財政諮問会議の場で、「図書館等、館長業務等を含めた全面的な管理運営の民間委託が可能であることを明確に周知致したい」と指定管理者制度導入を図る発言をしました（二〇〇三年一一月）。同省は一九八一年の京都市図書館の財団委託について疑義を示し、一九八六年の足立区の管理委託には当時の海部俊樹大臣が「委託は馴染まない」との国会答弁をし、さらに一九九三年の調布市の委託問題についても肯定する態度をとりませんでした。河村発言は指定管理者制度の導入を図ろうとしていた一部の自治体を励ます大きな転換でした。各省庁の「通知」といい、河村大臣の発言といい、本来の「地方分権」の観点からすれば自治体行政への国の介入ともいえる実に奇妙な現象です。これ以降、現場は苦労を重ねることになります。

しかし、各地の図書館団体や図書館づくり運動団体の粘り強い主張から、二〇〇八年の図書館法改正をめぐる国会審議の中で、渡海紀三朗大臣は図書館の指定管理者制度適用については肯定する答弁を避け、国会も指定管理者制度については弊害があるとの認識を示す附帯決議をしました。総務省も、指定管理者制度の目的から「経費節減」を外し、労働法令の遵守などを

「留意事項」に挙げる通知を出す状況も生まれました。その通知を解説した片山善博総務大臣は、指定管理者制度が官製ワーキングプアを生んでいることを認め、「図書館は指定管理者制度に馴染まない。法律には書いてないがリーガルマインドをもってほしい」と自治体当局に喚起しました（二〇一一年一月）。文部科学省も二〇一二年の「望ましい基準」では、「司書の確保による管理運営体制の構築を図る」という「運営の基本」を示し、指定管理者制度についての国会附帯決議の趣旨に沿った内容としました。

しかし、依然として図書館現場は指定管理者制度の問題に余計な苦労を強いられています。県立図書館においても四館で導入されました。市町村支援の事業は対象外としているようですが、全県的な図書館振興の行方に懸念を抱かざるを得ません。

さらにこれを混乱させるものとして、「行政財産の目的外使用の制度」の利用があります。二〇一三年、福岡市で行われた全国図書館大会で武雄市教育委員会は「武雄市立図書館の運営には、『指定管理者制度』及び『行政財産使用許可（目的外使用）』の二つの制度を活用した」との報告をしました。図書館の管理運営を指定管理者に委ねるとともに、施設の相当部分を民間企業に提供し、その営業活動を容認するというものです。

図書館の主たる目的とはかけ離れた営業を「公の施設」で行うことを認めて、書籍販売や喫茶スペースについて延床面積の相当部分を提供しています。適切な使用料を課すべきところ、図書館利用に密接な関係があるとして、その一部について減免措置までしています。

不動産をはじめ、自治体の財産は公有財産として厳格な管理が課されています。とりわけ公の施設や庁舎など公共の用に供する行政財産は、普通財産と分けて扱われています。当然ながら、その施設の目的との関係や財産管理の上で合理的な理由が求められます。地方自治法第二三八条の四第七項で「行政財産は、その用途又は目的を妨げない限度においてその使用を許可することができる」とあり、自ずと限界があるのです。

指定管理者制度は「施設の設置の目的を効果的に達成するため必要があると認めるとき」、行政財産の目的外使用は「その用途又は目的を妨げない限度において」と、いずれも設置目的に照らしてどうなのかを基準として許している制度です。開館時間・日数の拡大のみ、集客力のみを目的とし、図書館資料の確実な提供、豊かなコレクション形成、調査研究の支援向上などを後回しにした対応は、図書館事業の劣化を招くものです。

行政財産の目的外使用については、ＰＦＩ法制定の際に緩和しましたが、このような事態を招いていることを踏まえ、法律を管理している立場からの見直し提起が必要な事態ではないでしょうか。法にもとる不法不当な行為に対して、「地方分権」を隠れ蓑にして看過していると言わざるを得ません。

(2) 教育機関

地方自治法でいう公の施設は、物的施設を中心とする概念であり、人的手段は必ずしも要素としていません。「特別権力関係」から脱却した公の施設の人的措置は、それぞれ個別の法律ごとに規定しています。図書館法における司書の規定のほか、「地方教育行政の組織及び運営に関する法律」でも第三〇条で「地方公共団体は、法律で定めるところにより学校、図書館、博物館、公民館その他の教育機関を設置する…」と述べ、図書館を「教育機関」と規定しています。この教育機関について文部省は、次のように述べています。

「法第三〇条の教育機関とは、教育、学術、および文化(以下「教育」という)に関する事業…を行うことを目的とし、専属の物的施設および人的施設を備え、かつ、管理者の管理の下にみずからの意思をもって継続的に事業の運営を行う機関である」(宮城県教育長宛　文部省初等中等教育局長回答一九五七年六月)。

図書館への職員配置を明確に述べているのです。図書館業務の外部化が進められ、「人」の措置がないがしろにされている昨今、ここでいう「専属の人的施設」の内実を図書館法の規定との関連も含めた上で追究することが求められます。同時にこの文書は、図書館のあり方に関わる重要な点を指摘しています。「みずからの意思をもって事業運営をする」ことです。例えば「図書館の自由に関する宣言」に関わるような事態に直面したとき、図書館が自立して判断することを求めているのです。

さらに文部省は教育委員会事務局と教育機関の関係について、次のように述べています。

「教育委員会は、公民館等の管理に必要な事務をその内部部局である事務局に処理させるものであり、公民館等は教育委員会の管理の下にみずからの所定の事業を運営するものである」（愛媛県教育長宛　文部省初等中等教育局長回答一九五八年四月）。

つまり、図書館はその事業を教育委員会の管理の下に営み、教育委員会事務局はそれに必要な事務処理を補助機関として行うとしているのです。図書館を「出先」と称したり、図書館から生涯学習部に伺いを立てるといった行為は、本来的なあり方ではないのです。教育委員会の事案決定手続きなども基本から見直す必要がありそうです。

ところで、このたびの第一八六回国会で教育行政に対する「長」の権限を強化する法改正が行われた結果、「図書館の自由」を守る上での困難が増えました。教育委員会の管理の下に図書館事業を実施するのではなく、「長」の管理の下で行うことになりかねません。

既に生涯学習、文化、スポーツについては首長部局が所管することも可とする法改正がなされました。中央教育審議会は、社会教育行政は教育委員会所管であることを明確にしておりながら、社会教育施設の所管については曖昧にしています。図書館の自立性を確保するための規定、管理の基準の創造が必要となっています。

(3) 職務・職階制

同じ国会で地方公務員法の改正が行われ、「職務・職階制」が廃止されました。それまで第二三条には「職階制の根本基準」という条項があり、その第四項は「人事委員会は、職員の職を職務の種類及び複雑と責任の度に応じて分類整理しなければならない」としていました。

自治体職員は公務一般ではなく、自治体の様々な業務を個別具体的に担っています。それぞれに特殊性、専門性があり、業務によっては資格を必要とします。この条文は、その制度的な裏付けとなるものでした。「職務の種類」として業務の内容による職群、職種を、「複雑と責任の度」に応じて職級、職層、職制を分類することを規定しています。例えば、職名「司書」の発令は職務分類された職種によって行われ、係長、課長などの職制は連動した職級として発令されます。「全体の奉仕者」である公務員の科学的な人事管理を意図するものです。職階制というよりも、職務・職階制度として捉えるのが正確だと思います。

地方公務員法は図書館法公布から七か月後の一九五〇年一二月に公布されましたが、この時期の「図書館雑誌」には司書職制度確立のための職階制に関する情報、意見が相次ぎ、全国図書館大会においても協議されました。司書職制度確立につながるものとして期待されていたのです。一九五〇年九月には「司書および司書補の職務内容」が文部事務次官通牒として出されます。地方公務員に先駆けて人事院は国家公務員の職階制をまとめていましたが、一九五一年二月には「職群・学芸、職種・司書」の「職種の定義および職級明細書」を公示しました。職種の定義、その説明事項、一級から六級の司書の職務の特質、用語の定義など、詳細な内容となっています。

しかしこの職務・職階制度を政府は発動しませんでした。当初より政府・当局からは「人事当局の任命権を制約するもの」として反発があったのです（橋本勇『逐条地方公務員法』）。労働組合も、専ら「職級」の問題を捉えて、「差別分断を招く」と反対の態度を明らかにしていました。政府・当局は職階制度、つまり職級や職制＝肩書づくりには大変熱心でしたが、職務制度、職名設置には極めて消極的で、専門職制度づくりは避けてきました。「職階制は日本の風土に合わない」などの意見もあり、一九八二年の臨調第三次答申で廃止を提起するに至りました。

その後、たびたび廃止の法改正案が国会に上程されては審議未了、廃案が続いていたのですが、二〇一四年四月の第一八六回国会でついに廃止され、同条項は以前とまったく異質の「人事評価の根本基準」になってしまいました。

公務の現場では、「専門性のある業務は外部化」という「官から民へ」の動きが露骨になっていますが、その促進との関連を考えると、専門職制度要求は、政府・当局にとって妨げになるという考えにつながります。政府は発動しなかった条文ではありますが、自治体においてはそれぞれの実状に応じた職名を設置する役割を果たしてきました。司書有資格者を「職名・司書」として発令することを、少なくない自治体が実施してきました。ところが、その根拠を失うことになります。政府は公務員削減の強行と相俟って、行政管理能力を評価基準にして職員を採用し、研修教育する流れを強くしています。役所には、特定分野の専門職は要らないということです。

実際のところ、この法改正を待つまでもなく政府は、専門職否定の人事管理を進めてきました。職名の発令は、他の職種への転換を原則として許さない制度です。その職務に専念できることが専門職制度です。専門職には、それにふさわしい資格をもち、豊かな経験を積むことのできる環境が必要です。ところが自治省（当時）は例えば、「保母職員の一般事務職への配置換え」は地方公務員法第一七条第一項（任命権者は、採用、昇任、降任又は転任のいずれか一の方法により職員を任命することができる）を根拠に、可能と回答していました（『地方自治関係実務問答集』ほか）。第二三条の職務制度、職名設置との関係について言及することを一貫して避けてきたのです。同条項の削除により、当局の裁量は一層拡大されます。今回の法改正により、「任命権者が定める標準職務遂行能力を任用に当たっての能力の実証の基準とし、人事評価を人事管理の基礎として活用することとしており、これにより科学的で合理的な人事行政を実施するという職階制の目的も達成されると考えられる」と総務省は解説しています（「地方公務員月報」二〇一四年七月号）が、職務の専門性との関連については、やはり言及していません。

一九九七年、自治省は「地方自治・新時代に対応した地方公共団体の行政改革推進のための指針」（自治事務次官通知　通称「地方行革指針」）、「地方自治・新時代における人材育成基本方針策定指針」（自治行政局長通知）において、「適正な定員管理を一層推進するため、職種や部門による聖域を設けることなく」見直すこと、ジョブ・ローテーションを通じて様々な職場をバランスよく経験する「経歴管理システム」を指示、提起していました。専門性の蓄積ではなく、異動を推奨しているのです。一九九六年、東京の特別区は国に先駆けるかのように「現行の細分化された職種では職域が限定され、円滑な異動管理が困難」との理由から、職種を半減させるとともに職種「司書」を廃止しました。専門性の裏付けをもった深まりのある住民サービスを行うのではなく、人事管理、人事異動を容易にするために専門職制度を廃止する、というものです。このような政府の方針、行政指導が招いた司書の他部局への異動、ベテラン司書の不在という事態は、図書館の連携協力を困難にさせています。

5　県の事務は図書館事業の連携協力を進めるものになっているか

これまで述べてきたことは、図書館事業の振興、連携協力の促進を妨げる動きで、果敢に批判すべきです。

第1章で、「連携協力」を中心に図書館法の説明をしました。どんな行政サービスも他の自治体、機関との連携協力を重視してはいますが、図書館ほど不可欠で日常的に行っている事例は少ないと思われます。図書館の連携協力は図書館事業の特質ともいうべきことです。県立図書館は管内市町村への協力支援を、その存在に関わる重要なこととして捉えていますが、それはどのような根拠に基づいているのか考えてみたいと思います。

地方自治法は県の事務について、「広域にわたるもの、市町村に関する連絡調整に関するもの、その規模、性質において一般の市町村が処理することが適当ではないと認められるもの」を挙げています（第二条第五項）。一九九九年の地方分権一括法により改正されましたが、この時、この条項に限らず地方自治法は「地方分権の観点」により全般にわたって変えられました。第一条の二第二項で「住民に身近な行政はできる限り地方公共団体にゆだねる」こととしました。これは、「地方分権」の名の下に、自治事務に対して政府が果たすべき支援を減じさせる結果を招いています。「地方財政の三位一体改革」など、自治体が健全に存立できる制度、財政などが保障されない状況下で、自治体を疲弊させるものとなりました。

同時に、市町村に対する県の役割も曖昧なものにしました。地方自治法では市町村優先の考えを明確にしており、県の事務は補完的な位置づけです。その内容は「市町村は、基礎自治体として地域において包括的な役割を果たしていくことがこれまで以上に期待されており、都道府県は、経済社会活動が広域化、グローバル化する中で、広域自治体としてその自律的発展のために戦略的な役割を果たすべく変容していくことが期待されている」（「今後の地方自治制度のあり方に関する答申」地方制度調査会二〇〇三年一一月）との方向です。住民の生活、生業とはかけ離れたもので開発優先になりかねません。旧法にあった県の事務の例示が削除されたことも微妙に影響しています（旧法第二条第六項第四号、別表第三にはそれぞれ図書館が明示されていた）。県独自の事務があることを強調することにより、市町村への支援、補完事務を相対的に減じさせているのです。図書館法は、県教育委員会が市町村教育委員会に協力を求めることを規定（第八条協力の依頼）していますが、市町村が県に協力を課す規定はありません。先にみたように、「望ましい基準」は、「市町村立図書館に対する援助、県内図書館間の連絡調整等の推進に努めること」を県立図書館の「運営の基本」として明らかにするとともに、「域内の図書館への支援」を列挙しています。法の至らない点を補っているといえますが、実施するのは政府ではなく自治体＝県です。

年度	正規雇用職員数（内　司書）	資料費（万円）	協力貸出件数（千件）	市町村の借用件数（千件）	借用件数に占める協力貸出件数の割合
2008	1,700（1,007）	291,992	1,072	1,770	60.6%
2009	1,664（　989）	278,427	1,117	1,898	58.9%
2010	1,623（　942）	278,279	1,113	2,139	52.0%
2011	1,606（　939）	325,987	1,007	1,857	54.2%
2012	1,580（　913）	277,117	993	1,909	52.1%

表２　都道府県立図書館の基本データ

県立図書館の管理運営の規則、規程、運営方針なども、連携協力を軸としています。県内の図書館振興に果たしてきた経緯を踏まえた内容を表しています。ところが表1でみるように、二〇一二年度の図書館経費の県支出金は一九九八年度の四割減の二五七億円（総額は一五％減）です。職員数は引続き減少し、資料費も同様です（二〇一一年度の資料費増額は「光交付金」による一過性のものと思われる）。市町村立図書館への「協力貸出」件数は、二〇〇九年度以降減少が続く事態となっています。市町村立図書館の「相互貸借」の借用件数は、予約件数の増大（二〇〇八年度六九七三万件、二〇一二年度九一一九万件）に比して低迷しています。図書館事業を支える最大の条件である職員、資料費の異常な減少は、県立図書館の市町村支援を困難にさせているのです。市町村立図書館も同様の状況にあり、相互貸借も低迷せざるを得ないのです。

ここ数年間、県立図書館に関連する提言書は少なくありません。『図書館年鑑』に収録された資料を見ると、「北海道立図書館協議会意見書」（二〇一〇年一月）、「岐阜県図書館改革方針新しい時代にふさわしい中核図書館に生まれ変わるために」（岐阜県図書館二〇一〇年三月）、「デジタル時代の都立図書館像（提言）」（東京都立図書館協議会二〇一一年三月）、「明日の県立図書館―三重県立図書館改革実行計画」（三重県立図書館二〇一一年四月）、「広島県立図書館の改革について」(広島県立図書館長二〇一一年)、「目指すべき栃木県立図書館の姿」(栃木県立図書館あり方検討委員会二〇一二年一月)など、いずれも改善・改革のための積極的な内容をもつものですが、県立図書館の劣化に抗する現場からの発言、取り組みともいえます。

「望ましい基準」で謳ったことの裏付けとなる政府の施策は用意されず、各県に対して、その実現を図る督励すら行っていません。先に述べたように「市町村優先」、県は「補完的事務」との事務分担から、県立図書館の運営方針すら履行しにくい現状を招いています。制度的仕組みがないために、県立図書館が財政的裏付けを持って市町村支援を具体化する施策を打ち出すことが困難になっています。

関連して、地方交付税について述べたいと思います。地方交付税は一般財源として地方財政を保障するものですが、「地方団体は、…少なくとも法律又はこれに基づく政令により義務づけられた規模と内容とを備えるようにしなければならない」(地方交付税法第三条第三項)とあるように、最低限の行政水準を示す、いわば基準としての機能も持っています。

例えば図書館費についての積算内訳には図書購入費の単価、冊数が明示され、二〇〇二年度では人口一七〇万人標準県は四五六四万五千円、一〇万人標準市は一五三二万六千円としており、県民一人当たり二七円、市民一人当たり一五三円などと比較検討ができました。ところが二〇〇三年度以降は「地方を規制する」と、その内訳を明らかにすることを止めてしまいました。その結果、当時県立図書館の資料費は県民一人当たり全国平均二七円と地方交付税積算並みでしたが、現在は二一円です。地方交付税の交付額総体は極端な増減もなく維持されている中で、図書館資料費の激減状況を招いているのです。

さらに県立図書館費の内訳に「巡回自動車」購入費が四〇万円積算されていました（二四〇万円の六分の一積算）。これも二〇〇一年度から明示されなくなり、県立図書館の役割を曖昧にしています。「地方分権」の内実には、こういうものがあるのです。

そのような中、愛知、岐阜、三重の三県では県域を越えて資料を流通させる事業を各県立図書館が核となって実施しています。同様のことは、富山、石川、福井の三県でも始めています。こういった創意の実施を継続的安定的に保障する仕組みが必要です。政府は、県を越えた資料流通の仕組みづくりの支援策をとるべきです。

困難な事態に直面して県立図書館は、来館者サービス、直接サービスを重視する動きが目立っています。「行政評価としては来館者の多寡が重視される」との説明を聞いたことがあります。開館時間の拡大、通年開館のほか、展示、行事が多くなっています。例として、都立図書館の二〇一三年度予算には六項目の事業を挙げていますが、「タイムリーな企画展」という項目があります。その一方、「相互協力事業」は一つの項目ではなく、「館内サービス」と共に「サービス事業」の項目に含まれているようです。資料費激減が市町村支援を困難にさせていることとも相俟って、直接サービス重視になったのかと思わせます。

また、「市がやることを県がする必要はない」との「二重行政批判」がありますが、その象徴として県立図書館を挙げていることが目立っています。この事態は重要です。看過できないことであり、市町村から県立図書館の役割について意見表明することは欠かせませんが、県立図書館条例に「図書館の連携協力を行う」旨を盛り込んではどうでしょうか。県立図書館の責務を明確にするのです。一九六三年の地方自治法改正により「公の施設」の設置は条例によるとされました。それより前に公布、施行されている図書館法では第一〇条に「条例で定めなければならない」とあり、両者に特段の違いはありませんが、それまでの図書館条例には目的、事業内容を加えている例が少なからずありました。ところが地方自治法改正では、「図書館設置条例については図書館法があるので目的、事業内容などについては特に規定する必要はなく、名称、位置を示すことで足る」との行政指導がありました。これに従って改正した自治体は少なからずありましたが、七〇年代後半以降の図書館づくり運動高揚の中、利用者の秘密を守る義務、地域の活動に対する援助、館長の資格要件などを盛り込んだ条例を制定した自治体もありました。単に「図書館法の規定により設置する」だけでなく、各々の「土地の事情」を踏まえた図書館の役割を明示した条例を持ったのです。図書館法の主旨を自分たちの言葉で条例化することは、住民の意思表明につながります。

県立図書館は、「市町村の図書館に支援協力する」という独自の役割があり、今、それを鮮明にすべき時ではないでしょうか。市町村立図書館の条例とまったく同じ内容で良いとはいえません。東京都を例に挙げるなら、館則第二条「都内公立図書館その他の図書館等に対する協力支援及び図書館未整備地域に対する補完サービス」を館則ではなく、確実なものとするために、この語句を条例に加えるのです。時々の県政、予算などに振り回されることを減じ、安定的継続的に連携協力が行える保障にもつながると考え、提案するものです。

6　自治体事務の共同処理の制度

ところで地方自治法では、広域的な行政事務を行う地方公共団体は、県のほか地方公共団体による組合を規定しています。これは、一定の事務を共同処理するための複合的地方公共団体であり、特別地方公共団体としています。一部事務組合と広域連合がそれです。連携協力を重要な要件とする図書館事業にとって、この制度について検討する意義があると考えます。

広域行政は、住民自治とは相容れない側面があります。一九六九年から広域市町村圏が、一九七七年からは大都市周辺地域行政圏が設定されることにより、九〇年代初頭には九七％の市町村が広域行政圏に組み込まれる状況となりました。国土総合開発に巻き込まれることになり、広域行政は、住民の生活、生業にとっては敵対せざるを得ないものでした。平成の大合併を経た今日、「事務の共同処理だけでなく、自治体の政策、総合的計画的な対応・処理という目的、国等からの事務の受入れ体制としての機能を果たすことを含めて制度化」（松本英昭『要説地方自治法』二〇一三年）と、より一層住民自治とは異質な存在となっています。

一方で、「基礎自治体の広域連携を志向することが必要」との主張があります。「住民の協働自治に立って、自治体行政サービスの量・質の共同保障、職員体制の合同整備、自治税源の共同取得・配分、などの共同責任体制をつくる必要がある。それを展望しよう」（『自治研究』第九巻一号）という兼子仁氏の提起です。地方自治、住民自治の立場からの論究であり、私は基本的にはこれを志向する立場で臨みたいと思います。

一部事務組合の一つに、東京・特別区の人事厚生事務組合があります。一九五一年に設置された組織ですが、特別区職員の人事管理全般を担い、任命権者である区長の権限が及ばない存在となっています。これは特別区の図書館事業を後らせている最大の要因だと思います。司書を採用する制度を設置しようと考えた区があっても、それを許さない仕組みになっているのです。

一部事務組合と広域連合の違いについては総務省資料（表3）を参照してください。一部事務組合の業務は「構成団体に共通する事務の処理」であり、委ねた業務は個々の団体で自ら処理することができません。「土地の事情」によりサービスを行う図書館事業とは本質的に合わない仕組みです。住民自治の放棄につながります。

一方、広域連合は「広域にわたり処理することが適当である事務」としている点、構成団体の自治性が一応担保されています。長と議員は住民による直接選挙、公選をとることや運営について直接請求を認めている点が注目されます。これらは個々の住民の知る権利、読書を保障する図書館にとって、欠かせない要件ですが、実際に公選を実施している広域連合の事例は見当たりません。ある意味、現在の広域連合の本質、限界を示しているともいえます。

このほか、「共同処理」に結びつく自治体相互の協力関係については、協議会、機関等の共同設置、事務の委託職員の派遣などの制度が地方自治法第一一章第三節（普通地方公共団体

区分	一部事務組合	広域連合
団体の性格	・特別地方公共団体	・同左
構成団体	・都道府県、市町村及び特別区 ・複合的一部事務組合は、市町村及び特別区のみ	・都道府県、市町村及び特別区
設置の目的等	・構成団体又はその執行機関の事務の一部の共同処理	・多様化した広域行政需要に適切かつ効率的に対応するとともに、国からの権限移譲の受入れ体制を整備する
処理する事務	・構成団体に共通する事務 ・複合的一部事務組合の場合は、全市町村に共通する事務である必要はない	・広域にわたり処理することが適当である事務 ・構成団体間で同一の事務でなくてもかまわない
国等からの事務移譲等		・国又は都道府県は、その行政機関の長（都道府県についてはその執行機関）の権限に属する事務のうち広域連合の事務に関連するものを、当該広域連合が処理することとすることができる ・都道府県の加入する広域連合は国の行政機関の長に（その他の広域連合は都道府県に）、国の行政機関の長の権限に属する事務の一部（その他の広域連合の場合は都道府県知事の事務の一部）を当該広域連合が処理することとするよう要請することができる
構成団体との関係等		・構成団体に規約を変更するよう要請することができる ・広域計画を策定し、その実施について構成団体に対して勧告が可能。なお広域計画は、他の法定計画と調和が保たれるようにしなければならない ・広域連合は、国の地方行政機関、都道府県知事、地域の公共的団体等の代表から構成される協議会を設置できる
設置の手続	・関係地方公共団体が、その議会の議決を経た協議により規約を定め、都道府県の加入するものは総務大臣、その他のものは都道府県知事の許可を得て設ける	・同左（ただし、総務大臣は、広域連合の許可を行おうとするときは、国の関係行政機関の長に協議）
直接請求	・法律に特段の規定はない	・普通地方公共団体に認められている直接請求と同様の制度を設けるほか、広域連合の区域内に住所を有する者は、広域連合に対し規約の変更について構成団体に要請するよう求めることができる
組織	・議会—管理者（執行機関） ・複合的一部事務組合にあっては、管理者に代えて理事会の設置が可能 ・公平委員会、監査委員は必置	・議会—長（執行機関） ・公平委員会、監査委員、選挙管理委員会は必置
議員等の選挙方法等	・議会の議員及び管理者は、規約の定めるところにより、選挙され又は選任される	・議会の議員及び長は、直接公選又は間接選挙による

表3　一部事務組合と広域連合の主な相違点
（総務省資料www.soumu.go.jp/main_content/000196080.pdfより）

相互間の協力）に示されています。先の国会ではこれに「連携協約」（二五二条の二協議会の設置ほか）を新たに加える地方自治法改正が行われましたが、煩瑣《はんさ》になりますので、ここでは触れないことにします。

7 これまでの図書館「広域化」政策の実態、限界を超え、新たな「図書館連合」を

これまで述べたように、現在の行政制度、仕組みは、図書館事業推進にとって極めて不十分であると思っています。図書館は住民自治を体現する自治事務ですが、それをとりまく制度は「官治主義」でつくられています。優れた内容をもつ図書館法ですが、それを十全に実現させるための制度などは用意されておらず、設置者任せになっています。構造改革を根底に置いた「地方分権」はそれを露骨にするばかりか、自治を妨げる施策が次々に打ち出されています。図書館事業の至らない点を現場に責任があるかのように述べる向きもありますが、この図書館の置かれた状況に軸足を置いて事態を分析し、どうするかを検討・提起すべきではないかと思います。

公共図書館全体の貸出点数は、二〇一二、二〇一三と二年にわたって、前年度を下回っています。県立図書館の「協力貸出」は既に四年前から減少が続き、図書館間の相互貸借件数は三年前から減少し始めています。予算、資料費、職員数の減、委託化などが、自治体を越えた資料の借用抑制、貸し渋りなどを起こしている大きな要因と考えられます。連携協力体制が内部から崩れ始めているとの危機感を抱きます。図書館は単独ではサービスできず、ネットワークの仕組みがあってこそ成り立つ自治事務であるが故に、やはり連携協力の仕組みを考えるべきだと思います。県があって市町村がある、あるいは市町村があって県があるというのではなく、協力共同して進める仕組みを考えたいと思います。

図書館の連携協力については県立図書館による協力支援事業のほか、相互の協定、申し合わせなどにより進められている例が多くあります。『図書館年鑑』では八〇年代から九〇年代初頭までの間、それらの協定等の文書を掲載して、具体的な事例を紹介しています。

地方自治法の制度を活用した広域連合による例があります。二〇一三年四月現在、広域連合は一一五ありますが、図書館事業をその対象としている例は長野県の「上田地域広域連合」のみのようです。五市町村で構成し、幹線道路網構想、土地利用計画、観光振興、保健福祉、ごみ処理、消防など多岐にわたる事務を処理しています。この広域連合の事業の一つに「図書館情報ネットワークの整備及び運営」を挙げており、合わせて一〇の公共図書館（図書室）と管内の小中学校、公民館、長野大学附属図書館にサービスを提供しているとのことです。「上田地域広域連合広域計画　平成二五年度―二九年度」では「広域連合及び関係市町村が行う事務に関すること」の章で、このネットワークについて「資料の貸出・返却・予約等のサービスを加入図書館等のどこからでも行えるシステム」と紹介し、さらに検討、研究課題として、広域連合内の小中学校とのネットワークの整備・促進、長野県図書館ネットワークの活用、地域内の大学・高等学校等との図書館協力体制の拡大等を挙げています。情報ネットワークシステムを核とした広域な図書館利用を保障する事業といえます。

かつては一部事務組合による広域図書館がありましたが、全国合わせても一〇館程度にとどまり、二〇一一年度を最後に現在はありません。一部事務組合による図書館設置については、『中小都市における公共図書館の運営』（日本図書館協会一九六三年）においても「小さな市や町村では、連合して一つの図書館を作ることが最も実際的であろう。すなわち組合立図書館を図書館組合が経営するわけである」と記しましたが、これは広がりませんでした。図書館をもつ中心的な市が図書館のない広大な地域の町村にサービスするもので、「身近に図書館を」の実現には程遠いものですから当然でした。一部事務組合の事務とされた事業は、その市町村の権能から外されてしまい、独自のサービス展開ができなくなります。図書館事業のみの組合ではなく、ゴミ、衛生、福祉、救急医療など多岐にわたる自治体事務の一つとされ、その専門性の蓄積は困難です。何よりも、住民は構成員とされないために要求が反映しにくい仕組みであり、図書館事業にとっては制度的欠陥があるといえます。後の『小図書館の運営』（一九六六年）で日本図書館協会は、この組合立図書館の考えを排しましたが、町村図書館振興を独自に追究する取組みが日本図書館協会や図書館問題研究会などでなされ、何よりも優れた町村図書館の実践が各地で見られたことに拠ると思います。この一部事務組合方式の図書館は、相互協力・連携ではなく、連携し合う相手方がいないままでの図書館事業なのです。

地方自治法の制度ではありませんが、広域行政として最近話題になっているのが「定住自立圏」です。二〇〇八年総務事務次官通知として出された「定住自立圏構想推進要綱」に基づいて設置するもので、二〇一三年九月現在七五あり、それを構成している自治体は三二六です。平成の大合併を経た後の地方圏形成を目的とするもので、人口五万人程度以上の「中心市」が、その周辺の市町村と一対一の協定を締結し、その積み重ねにより形成される広域行政圏です。大都市圏への人口流出を避ける目的もあり、三大都市圏（埼玉、千葉、東京、神奈川、岐阜、愛知、三重、京都、大阪、兵庫、奈良の各都府県）を除く道県での形成を原則としており、政府からの財政措置もあります。この定住自立圏の事業に図書館を加えているところが二四あります。内、図書館未設置は三七、図書館設置率は七〇・四％と全国平均七五％を下回っています。それぞれの圏域が出している「定住自立圏形成方針」に書かれている図書館事業の内容は、広域的な相互利用、ネットワーク化が多いようです。定住自立圏構想は「域内全体のマネジメント等で中心的な役割を担う」などの「中心市宣言」をした市を核とした広域圏であり、図書館事業にとっては限定的にならざるを得ない仕組みといえます。

本稿で問題にしているのは、図書館事業を進展させる協力共同の仕組みの構築です。図書館事業は自治体固有の事務であり、当然のことながら、それぞれの自治体は土地の事情に沿った図書館設置と運営を行うことを前提としています。広域で図書館設置運営をするものではありません。

協力共同する事業は、「資料の保存と資料の相互貸借＝流通」です。ここから派生する事業、業務もあり得ますが、基本とする業務は限定的です。住民から求められた資料を確実に提供するためには、資料保存は欠かせません。利用が減じたからといって安易に廃棄すべきではありませんが、資料の増加に応じて書庫を増設し続けることはできません。そこで、協力共同が必要となります。

資料の保存と流通については、現在、県立図書館がその重要な役割を果たしています。また、近隣市町村の図書館との協定、申し合わせ、約束ごととして行われています。しかし、これを永続的に実施できるのか、との不安を抱かせる状況がみられるようになっています。「求められた資料を確実に提供する」という役割を、すべての図書館が果たすことができる制度的保障の実現が必要となっているのです。

そこで、広域連合の制度に倣ったものを考えました。地方自治法に根拠をもつ制度であり、図書館資料の保存と流通のみを目的として運営するもので、共同処理する自治体の事務としては極めて限定的です。特別地方公共団体である広域連合に馴染むとの確信はありませんが、図書館事業に欠かせない仕組みを追究する以上、これを俎上に載せる必要があると考えました。ここでは、仮に「図書館連合」として説明します。その構成ですが、図書館を設置し、図書館連合の目的達成の意思をもつ県を含めた自治体とします。図書館連合の目的に沿って連携する大学図書館や機関、団体とは協定を締結します。「共同保存図書館・多摩」のようなNPO法人もこれに参画し、主導的な役割を果たすべきだと思います。

資料保存は図書館連合の重要な事業であり、豊かなコレクション形成を図ることを目指して、連合内で少なくとも一点は永年保存することを義務付け、所蔵館の独断で資料の除籍は行わないこととします。その保存は、各館が分担するとともに、合理的な方法で書庫を設けるようにします。借用を求められた資料を所蔵している場合は、合理的な理由がない限り必ず提供します。資料の流通手段については合理的な手法をとります。この事業にかかる経費については、図書館連合を構成する自治体が応分に負担します。

この広域連合は基礎自治体（市町村）連合を基調とするものですが、構成団体に県を加えています。県立図書館の所蔵資料は、域内市町村図書館を窓口にする以外の方法では、全域の住民への提供サービスは困難です。県立図書館が市町村図書館への支援を役割としている所以です。県あるいは県立図書館のみ

	設立	構成団体	図書館	図書館事業の内容
上田地域広域連合	1998年	上田市 東御市 青木村 長和町 坂城町	4館 1館 1館 1館	図書館情報ネットワークの整備及び運営

表4　図書館事業を処理対象としている広域連合
広域連合数：115（2013年4月現在）総務省

＊参考：人材関係

彩の国さいたま人づくり広域連合	1999年	埼玉県内全市町村	職員の人材開発、交流及び確保に関する事務
こうち人づくり広域連合	2002年	高知県内全市町村	職員等の研修、研修支援、人材交流及び政策研究に関する事務（構成市町村が自ら行うものを除く）

の恣意により「貸し渋り」が起きるといったことがないよう、また、図書館連合内で構成員が対等平等に運営できるようにするため、県からの一方的な支援ではなく、協力共同とする所以です。

従って、これは市町村の側も応分の責任を果たすことにつながります。県立図書館の予算、資料費の減少は著しいものがありますが、これを批判するだけでなく、図書館連合の意思として資料費などを確保する取組みが求められます。

さらに、資料保存、流通の経費など図書館連合の事業に必要な経費は、構成団体が応分に負担することとなります。県立図書館にのみ課すということにはなりません。「上田地域広域連合規約」によれば、図書館情報ネットワークの整備・運営の経費負担については、その二割は構成団体の均等割、あとの八割は世帯割としているようです。資料流通のコストは、豊かな資料を所蔵している図書館ほど負担割合が大きいという実態がありますので、合理的な方法を編み出す必要があります。

この協力共同の仕組みが成功すれば、図書館事業をさらに進展させることが期待されます。その例として「彩の国さいたま人づくり広域連合」を紹介したいと思います。これは埼玉県内のすべての市町村と県によりできた広域連合で、「職員の人材開発、交流及び確保に関する事務」を事業内容としています。研修事業などを行っており、技術系の職員の広域的な人事交流を制度的に行っています。司書の例はまだないようですが、蓄積してきた専門性、経験を生かし、伸ばす良い仕組みだと思います。こういったことも展望できると、異動を原則とするような「経歴管理システム」を排し、司書有資格者を採用し、職名「司書」として発令した上で、人事管理も合理的に行えるはずです。

広域連合や「自治体の事務の共同処理」を政府が推進している目的は、基礎自治体の大規模化であり、道州制の志向です。そういった側面を冷静に捉えると同時に、閉塞状況になりつつある図書館事業を進展させるためには、現在の図書館事業をめぐる制度について正確に捉え、検討し、これまでの手法を超えた提起と取組みが必要と思い、考えてみました。ＮＰＯ法人共同保存図書館・多摩が提起した課題を実現するための方向でもあると思います。

8　行政組織の中で図書館が担う領域の提起

最後に、図書館サービス、事業を実施するにあたっての行政組織のあり方について触れたいと思います。

先に述べたように図書館は教育機関であり、それにふさわしい役割を果たし、自立した運営ができるような制度的仕組みを確立すべきではないでしょうか。「総合教育会議」などという教育委員会を規制するような法改正があったからこそ一層強く、そのように思います。同時に、図書館が果たしている役割、期待されている役割からも、現在の行政組織との関連について考えるべきではないかと思います。

図書館は、住民から求められた資料、情報を確実に提供すること、地域の読書を保障することを役割としており、地域の「知の拠点」とも言われています。その役割を確実に実現するためには、図書館長の現状の権限、所掌事項では不十分だと思います。

二〇〇一年の「子どもの読書活動推進法」に基づき、多くの自治体で「子どもの読書活動推進計画」が策定されました。政府の「基本的な計画」が五か年計画であったため、多くのところがそれに倣いました。現在は第二次計画が進められている時期になるようですが、実際に策定しているところはどれくらいあるのでしょうか。当初、生涯学習担当課を事務局として、図書館、学校など、及び児童館・保育園などを所管する子ども福祉関係部局、地域の読書団体など幅広い関係者による構成の「策定委員会」を設置し、検討を進めたところが少なくありませんでした。これは政府の奨励もあって、高く評価され、計画の実施、推進が期待されました。現在、国際子ども図書館のホームページには計画を策定した自治体の一覧が掲載されていますが、第一次計画のままのところが少なくありません。実施に当たっての国からの予算保障がないこともあり、謳い文句だけで終わっている感が否めません。

子どもだけでなく、地域住民の読書を保障するのは、何といっても図書館です。生涯学習担当課であっても図書館を抜きにして計画策定はできません。さらに、策定された「計画」の具体化、進行管理もできません。読書保障を専一にする機関は図書館だけなのですから、図書館長は地域の読書環境整備の責任者となるべきです。地域の学校や児童館、保育園、高齢者施設、その他公共施設が保有する図書などの資料の整備状況、利用状況を把握することは、図書館事業を展開する上で欠かせません。読書に関わって関係機関、施設等にサービスしている図書館が担うべき仕事です。図書館長に、読書推進についての計画立案、その推進、予算立案などの事務を所掌させることには合理性があります。たとえ教育機関であろうと、そのような限定的な行政権限をもつべきです。加えて、役所庁内の資料管理の権限も図書館長がもつべきだと思います。

自治体行政事務の科学化には資料、情報の把握と活用は欠くことができず、図書館が「行政支援サービス」を謳うことには根拠があります。庁内の企画サイドの行政資料室などは随分と充実してきていますが、自ら発行した資料の整備、保存に追われているようです。その点、図書館は多岐にわたる資料を持ち、有効に機能させることが可能です。ただし、これを確実に行うためには庁内の資料、情報の一元的管理が必要です。他の機関等との連携が必要になりますが、まずは足元の庁内にある膨大な資料、情報を把握すべきです。

その点、東京都日野市立図書館の「市政図書室」にはいつも感心させられます。市役所本庁舎の一角にあり、市政運営に関わる資料を収集して、日野市の職員・議員だけでなく、一般の市民も利用できます。どなたからも評価されるのですが、一向に広がりをみせません。こういったことが普及できる制度が欲しいと思います。地方自治法第一〇〇条〔調査権、…略…図書室等〕では議会図書室の附置を課していますが、十分に機能しているところは稀です。私は目黒区の図書館で勤務していた時、庁内の部課が購入している雑誌の調査を行ったことがあります。「地方財務」（ぎょうせい）を四か所で購入し、しかも二部署で創刊号から保存していることが分かったので、一部を図書館に移管するよう求めました。「積算資料」（経済調査会）など図書館ではなかなか購入できない建築関係の専門雑誌については、用済み次第、図書館に送るよう依頼したこともあります。常々、各部局が所有しているマニュアル、行政実例集、福祉行政などのQ＆A、行政事務研究会報告など、一般の住民は見ることができない資料をレファレンス用に欲しいと思っていました。すべての資料は図書館で受入れ登録後、それぞれの部局に必要な期間「団体貸出」してはどうかと提案したこともあります。このアイデアを予算課は歓迎したのですが、実現はしませんでした。

こういったやり方を組織的にできるよう、図書館長の所掌、権限が加えられるべきだと思います。図書館長には、教育機関の長であるとともに、各部局に対して、資料管理に関わる指示等ができる行政的な権限を付与することです。そうすることによって議会図書室や企画部局にある行政資料室と、一層充実した連携を図ることができます。教育委員会という行政委員会が所管する図書館であり、首長の政策判断と離れた部署、位置ですので、行政運営に齟齬を来すことはないと思います。

まちづくりなど自治体の課題との関連で、図書館の首長部局所管を肯定する意見があります。行政課題には利害が伴う政治的な要素のからむことが多くありますが、図書館はその解決を図る権能は持たず、求められた資料・情報を適正、確実に提供することを任務としており、より政治的中立性が必要とされます。教育委員会所管の優位性こそ主張すべきで、それを豊かなものとすることが重要であると思います。

おわりに

図書館事業の後退が顕在化している状況に一石を投じたいと思い、行政の専門家からみれば稚拙、的外れな点があると思いますが、日頃感じていたことを述べさせていただきました。

繰り返しとなりますが、図書館法は優れた内容を持っています。これを確実に実現させるためには、行政的な制度、仕組み、つまり強制力が必要です。政府は図書館法が目的とすることを支える仕組みをつくるべきです。耳触りの良いフレーズではなく、一〇年、二〇年後、国民が今以上に生活、生業に生きがいを感じられる「この国のかたち」を目指す行政をすべきです。福祉、学校教育の政策は、国民の目からは問題のある内容があったとしても、それを実施する仕組みは（自治体が履行しなかった場合の措置まで含め）、周到に組み立てられています。一方、図書館事業では、地方自治、住民自治を無視するような施策が二〇年以上も続いています。憲法上の要請の不履行といっても良いと思います。図書館法に基づく補助金交付の不履行、ナショナルミニマムを示すことが期待される「最低基準」の廃止、地方交付税の積算内訳の非開示など私たちは、指弾できることがあります。近年各地で進められている「自治基本条例」制定の動きの中には、自治体情報の開示を行う図書館の役割が極めて希薄であることを象徴的な事例として感じる次第です。自治体に対しては、「図書館事業を支える条例、規則、規程、要綱、行政計画など、予算編成の裏付けとなる確実な仕組みをつくる責任」を求めたいと思います。ご意見、ご教示をお願いします。

〈参考文献〉

・『東京にデポジットライブラリーを』多摩地域の図書館をむすび育てる会　ポット出版　2003年
・『多摩地域における共同利用図書館検討調査報告書』東京都市町村立図書館長協議会　2008年
・「事例発表：広がる本と人の輪——上田地域公共図書館情報ネットワークの実践とこれから」宮下明彦『全国公共図書館研究集会報告書』1998年
・『まちの図書館——北海道のある自治体の実践』図書館問題研究会　日本図書館協会　1981年
・『この町・村にも図書館の灯を！——都立自動車図書館の廃止計画と町村図書館の課題』図書館問題研究会東京支部西多摩調査委員会　1981年
・「長野県内に広がる広域連合化のシナリオ」和田蔵次（『広域連合と一部事務組合』自治体研究社　1999年に収載）
・『「連合制度」と「基礎自治体連合」』成田頼明／特別区協議会　学陽書房　2013年
・「分権時代をリードする人材開発、人材確保への挑戦!!　彩の国さいたま人づくり広域連合がスタート」高梨光美　「地方自治」1999年8月号
・『Q＆A解説　定住自立圏構想ハンドブック』定住自立圏構想実務研究会　ぎょうせい　2010年
・「基礎自治体の広域連携について——地域自治を拡充する方策」兼子仁　「自治研究」90(1)　2014年
・『地方自治制度改革論——自治体再編と自治権保障』白藤博行／山田公平／加茂利男　自治体研究社　2004年
・「定住自立圏構想の現状と課題——中海圏域と東備西播圏域の取組を中心に」松田恵里／国立国会図書館調査及び立法考査局　「レファレンス」746号　2013年
・「公の施設法制と指定管理者制度」稲葉馨　東北大学法学会「法学」67(5)　2004年
・『改正地方自治法詳説』自治省行政局行政課　帝国地方行政学会　1963年
・「図書館を役所の住民生活情報センターに」松岡要　「みんなの図書館」239号　1997年
・「公共図書館の職員の現状、職種、「必置規制」」松岡要　「図書館界」49(3)　1997年
・「県の図書館振興策——現状と課題」（『図書館年鑑　1991年版』　日本図書館協会に収載）

松岡　要（まつおか　かなめ）

略歴　1967年3月　図書館短期大学卒
　　　1967～1996年　目黒区立図書館勤務
　　　1996～2012年　社団法人 日本図書館協会勤務
　　　　　　　　　2003～2012年　事務局長

著作　・『現代の公共図書館・半世紀の歩み』（共編著　1995年）
　　　・「必置規制」について考える（「図書館評論」40号　1999年）
　　　・公務員制度の構造改革と学校図書館（『ぱっちFOURらむ「これからです。学校図書館」記録集』2002年）
　　　・地方自治と図書館　公立図書館の管理運営の外部化（『新図書館法と現代の図書館』2009年）

図書館連携の基盤整備に向けて
－図書館を支える制度の不備と「図書館連合」の提案－
（多摩デポブックレット　10）

2015年１月20日第１刷発行

著　者　　松岡　要
発　行　　特定非営利活動法人　共同保存図書館・多摩
　　　　　　理事長　　座間　直壯
　　　　　http://www.tamadepo.org
発　売　　株式会社けやき出版
　　　　　http://www.keyaki-s.co.jp
　　　　　東京都立川市柴崎町３－９－６　高野ビル１F
　　　　　TEL 042-525-9909
印　刷　　株式会社 平河工業社

ISBN978-4-87751-529-4 C0037